Maxime Du Camp

La Seine à Paris

Les Industries fluviales et la Police du fleuve

ISBN : 978-1533286826

10 9 8 7 6 5 4 3 2 1

Maxime Du Camp

La Seine à Paris

Les Industries fluviales et la Police du fleuve

Table de Matières

Introduction

Le Parisien qui traverse les ponts et passe sur les quais est depuis son enfance tellement accoutumé au spectacle qui se déroule sous ses yeux qu'il ne pense guère à s'en rendre compte. Il sait vaguement qu'il y a des navires au port Saint-Nicolas, que pendant l'été on peut prendre des bains de rivière ; parfois il lit dans son journal qu'un train de bois s'est brisé contre une des piles du Pont-au-Change ; par curiosité il entre à la Morgue, et souvent il regarde les pêcheurs à la ligne assis dans les bachots amarrés à la berge. La Seine ne lui offre rien de particulier ; elle a pourtant une importance majeure, car elle est une des grandes voies d'approvisionnement de la capitale, et de plus elle a une existence spéciale, représentée par les industries qui vivent sur elle et par elle. L'écrivain qui raconterait l'histoire de la Seine pendant les seize premiers siècles de la monarchie française serait bien près d'avoir fait une histoire complète de Paris. Grâce aux routes d'abord et ensuite aux chemins de fer, elle, n'a plus cette utilité redoutable qui en rendait la libre possession si précieuse ; elle n'est plus la clé de la famine ou de l'abondance. Pour apprécier le rôle qu'elle jouait encore dans des temps relativement rapprochés de nous, il faut se rappeler ce que dit Pierre de l'Estoile. « Le samedi 7 avril 1590, la ville de Melun fut rendue au roy par composition. La prise de cette ville avec celles de Corbeil, Montereau, Lagny et autres passages de rivières saisis en même temps, qui étaient les clés des vivres de Paris, avancèrent fort le dessein du roy, qui était de faire faire une diette à ceux de Paris, qui peut tempérer l'ardeur de leurs résolutions et frénaisies. » On sait l'épouvantable famine qui suivit cette conquête de la Seine. A ce moment, tous les yeux sont tournés vers la rivière, du haut des clochers on en interroge le cours aussi loin qu'on peut en suivre les méandres ; c'est par elle seule que peuvent arriver les vivres si douloureusement attendus. Aussi quel désespoir lorsque, « le dimanche 28 du présent mois d'avril 1591, la flotte de Meaux et de Château-Thierry, conduisant à Paris jusqu'à quatorze cents muis de bled en cent quinze bateaux, est arrêtée et prise par les gens du roy. » S'il en était ainsi au temps de Henri IV, qu'était-ce donc sous les rois de la première et de la seconde race ? Ces dures époques sont aujourd'hui passées pour toujours ; mais elles ont laissé des traces profondes qu'on retrouve à chaque page dans les vieux mémoires. Dès que la navigation de la Seine est interdite, Paris s'émeut et se désespère. C'était le fleuve nourricier par excellence, et jusque sur les marchés publics il déposait le blé, le vin, le bois et les fruits. L'interruption du cours de la Seine apportait la famine, la contagion et la mort.

D'où vient ce mot : la Seine ? Du celtique, dit-on : *squan*, serpent ; *sin-ane*, la lente rivière ; *sôgh-ane*, la paisible rivière ; les Romains l'ont latinisé, selon leur usage, et en ont fait *Sequana*. A-t-elle été une divinité ? On pourrait le croire, puisque le Tibre fut un dieu. Ceux qui la possédaient et en avaient la navigation exclusive étaient de grands personnages, les plus riches et les plus considérables de la cité ; il y a longtemps que les *nautes* ont fait parler d'eux, et le plus ancien monument de Paris leur appartient. Lorsque dans l'année 1711 Louis XIV fit changer le maître-autel de Notre-Dame, dans les fouilles qu'on opéra au milieu du chœur de la vieille basilique, on rencontra les débris d'un autel élevé autrefois par nos pères ; sur une de ses faces, on lisait et on peut lire encore au musée de Cluny : TIB. CÆSARE AUG. JOVI OPTUMO MAXSUMO… M. NAUTÆ PARISIACI PUBLICE POSIERUNT ; sous Tibère César Auguste, à Jupiter très bon, très grand, les navigateurs parisiens publiquement consacrèrent… Ces *nautœ*, désignés plus tard sous le nom de *mercatores aquœ*, furent la souche de notre administration municipale ; ils furent la *hanse*. Leur chef, d'abord prévôt de la marchandise d'eau, devient prévôt des marchands, puis maire de Paris et enfin préfet de la Seine. C'est à cette origine beaucoup plus qu'à la forme problématique de l'île de la Cité, qui jadis était composée de trois îles, qu'il faut attribuer les armes de Paris, le vaisseau et la devise : *fluctuat nec mergitur*. C'est donc de la Seine qu'est née, la ville qui est encore plus la capitale du monde que celle de la France.

La Seine a connu toutes nos discordes civiles, et, si je puis dire, elle y a pris part. Les Normands l'ont envahie sur leurs barques d'osier recouvertes de peau ; elle a vu brûler les templiers sur l'îlot où s'élève aujourd'hui la place Dauphine ; elle a reçu le corps de Louis de Bourbon, l'amant d'Isabeau de Bavière : « laissez passer la justice du roi ! » Elle s'est refermée sur les cadavres des d'Armagnacs, lors du grand massacre de 1418, que commandait Capeluche ; à la

Saint-Barthélémy pendant que Charles IX,

Ce roy, non juste roy, mais juste arquebusier,

Giboyoit aux passans trop tardifs à noyer,

elle a charrié dix-huit cents huguenots vers le quai des Bonshommes ; de nos jours, elle a porté jusqu'à la mer les livres, les manuscrits, les vêtements sacerdotaux, les vases de l'archevêché, et pendant cette fratricide insurrection de juin elle a roulé le corps de plus d'un combattant.

Les inondations de la Seine ont été jadis fréquentes et souvent terribles. La plus considérable dont l'histoire ait gardé le souvenir est celle de 1176 ; elle emporta tout, les deux ponts qui la traversaient alors, les moulins, les barques, les berges, les piles de bois et les maisons ; elle noya les troupeaux qui paissaient dans les îles. La population consternée se tourna vers le ciel, et l'évêque de Paris, suivi de tout son clergé, de tous les moines, du roi Louis VII accompagné de sa cour, vint solennellement sur la grève étendre les mains au-dessus de la rivière rebelle et lui montrer un clou qui avait percé les mains du Christ ; puis il lui dit : « Que ce signe de la sainte passion fasse rentrer tes eaux dans leur lit et protège ce misérable peuple ! » La crue s'arrêta, et la ville fut sauvée. Plus récemment, en 1740, à Noël, Paris fut littéralement inondé. La place du Palais-Royal, la place Maubert, la place Vendôme, les Champs-Elysées, étaient sous l'eau. Des maisons furent renversées, une entre autres rue Saint-Dominique. Pour porter remède à tant de désastres, on découvrit la châsse de sainte Geneviève. On a maintenant des moyens plus certains pour resserrer la Seine et l'empêcher de courir la prétantaine à travers Paris. Nos ingénieurs des ponts et chaussées n'emploient guère de reliques ; mais il faut croire que leurs procédés ne ; sont pas mauvais, car, malgré les déboisements imprudents qui ont dénudé les montagnes voisines de ses rives, la Seine est assez paisible maintenant et ne franchit plus le rempart de ses quais, ce qui ne l'empêche pas du reste d'être sévèrement surveillée : chaque jour, sa hauteur est relevée, enregistrée, et tous les mois le tableau de ses variations est envoyé à l'Académie des Sciences, à l'Observatoire, à la préfecture de police et à l'Hôtel-de-Ville. Il y a deux étiages à Paris, celui du pont de la Tournelle et celui du Pont-Royal. Chacun sait qu'un étiage est le niveau de la rivière pris à ses plus basses eaux ; ce sont celles de 1719 qui ont servi de point de départ. Pour avoir la hauteur exacte de la rivière depuis le fond jusqu'à la superficie, il faut ajouter pour le pont de la Tournelle 0m,45 et 0m,85 pour le Pont-Royal ; le zéro de l'échelle du premier est donc marqué à 0m,45 au-dessus du sol même de la rivière ; le zéro de l'échelle du second à 0m,85. Ce calcul n'est pas d'une certitude absolument rigoureuse, car le lit de la Seine subit parfois des tassements et des ensablements qui peuvent modifier son niveau. Les eaux les plus basses qu'on y ait jamais observées se montrèrent le 29 septembre 1865 et laissèrent apercevoir le sol même de la rivière.[1] En 1866, précisément à la même date, les eaux, gagnant pour cette année-là leur maximum d'élévation, arrivèrent à 5m,50, et par extraordinaire c'est le 1er janvier que les eaux atteignirent leur niveau le plus faible, 0m,20 au-dessus de zéro. Ce fait, qui au premier abord nous paraît étrange, d'un abaissement anormal de la rivière pendant les mois rigoureux n'est pas aussi rare qu'on pourrait le croire, et a déjà été remarqué autrefois. En effet, je lis dans les mémoires de l'Estoile : « Le jeudi 3 janvier 1591, qui était le jour Sainte-Geneviève, la rivière de Seine, qui était si basse en ceste saison que l'on pouvait quasi aller à pied sec du quai des Augustins en l'isle du Palais (ce qui n'avait été vu de mémoire d'homme), vint à croitre ce jour sans aucune cause apparente. »

Si Paris était une circonférence, la Seine en serait l'axe, car elle le traverse dans sa plus grande largeur sur une étendue de 11 kilomètres et demi ; la vitesse moyenne de son cours entre les quais qui la pressent et accélèrent sa marche est de 0m,65 par seconde, ce qui donne 2,340 mètres à l'heure, un peu plus d'une demi-lieue ; une épave abandonnée au fil de l'eau mettrait donc environ cinq heures pour franchir Paris depuis le pont Napoléon jusqu'au pont du Point-du-Jour. A son entrée à Paris, la Seine est large de 165 mètres et de 136 à sa sortie. Vers le pont Saint-Michel, resserrée dans son bras le plus étroit, elle n'a que 49 mètres ; mais au-dessous du Pont-Neuf elle obtient toute son amplitude, et parvient à 263

---

1 « On sait à quel état les sécheresses de 1865 avaient réduit la Seine. La rivière avait pris l'aspect d'un véritable égout, dont les eaux bourbeuses excitaient une vive répugnance. » (Robinet, *Sur une application de l'hydrotimétrie*.) En effet, le 29 septembre, les observations portent que la Seine descendit à 1 mètre au-dessous de zéro de l'étiage du Pont-Royal ; il faut admettre dans ce cas que les fanges du lit de la rivière s'étaient affaissées de 20 centimètres au moins.

Introduction

mètres de largeur. Quant à sa limpidité, elle est aussi variable que le temps ; un spécialiste qui fait autorité dans la matière, M. Poggiale a calculé que la Seine était en moyenne trouble pendant 179 jours de l'année.

L'eau de la Seine est-elle bonne à boire ? Grave question sur laquelle on a écrit des volumes ; la chimie s'est chargée de répondre, et voici ce qu'elle dit : Dans les temps de pluie et de fonte de neige, le résidu limoneux des eaux de la Seine s'élève à 1 et 2 grammes par litre, de plus elle contient environ 2 ou 3 pour 100 de matières organiques ; en général, dans la saison normale, l'eau prise au centre de Paris renferme par litre 16 centigrammes de carbonate de chaux, 2 de carbonate de magnésie, 2 de sulfate de chaux et quelques milligrammes de chlorurés alcalins et de nitrates. — Certes une telle boisson est potable ; mais est-ce bien l'eau de la Seine qui abreuve Paris ? Les Parisiens de la rive gauche boivent l'eau de la Seine, les Parisiens de la rive droite boivent l'eau de la Marne. Des expériences sérieuses et concluantes ne laissent aucun doute à cet égard. Les deux rivières se côtoient sans se mêler pendant qu'elles traversent Paris entre les mêmes bords, sur le même lit ; c'est en vain qu'elles se heurtent entre les piles des ponts, qu'elles sont agitées par les bateaux à vapeur : elles se conservent presque pures malgré leur contact forcé. Il faut qu'elles soient attirées et comme *barattées* dans le grand coude que la Seine fait en face de Meudon pour perdre leurs qualités distinctes et devenir réellement une A Sèvres seulement, le mélange est complet, et l'eau est enfin absolument uniforme.

Partie I

La topographie de la Seine a souvent changé ; je ne parle pas seulement de ses berges, où les quais, commencés en 1312 par Philippe le Bel, n'ont été achevés que de nos jours. La vallée de la Misère est devenue la place du Châtelet, la promenade plantée de saules et chère aux Parisiens est aujourd'hui le quai des Grands-Augustins, l'Écorcherie s'appelle le quai de Gèvres ; en passant devant le quai d'Orsay, bâti en 1802, Néel, à la fin du siècle dernier, pouvait écrire dans son burlesque *Voyage à Saint-Cloud par terre et par mer* : « J'estimai que ce que je voyais était ce que nos géographes de Paris appellent la Grenouillère, parce que j'entendis effectivement le coassement des grenouilles. » Les peaussiers, les mégissiers, qui, habitant les bords de la Seine, avaient baptisé le quai de la Mégisserie, sont relégués avec les tanneurs dans le faubourg Saint-Marceau, à côté de la Bièvre ; les bouchers ont vu leurs abattoirs, qui jadis ensanglantaient les environs de l'Hôtel-de-Ville, repoussés vers les quartiers excentriques. Lentement, mais incessamment la Seine s'est épurée, elle a rejeté loin de ses rives tous les corps d'état *malfairans* qui les encombraient : elle est aujourd'hui exclusivement réservée à la navigation, à la batelerie et aux industries spéciales qui s'y rattachent et vivent forcément sur l'eau ; mais ce ne sont pas seulement les rivages de la Seine qui ont subi des modifications : ses îles non plus n'ont pas été épargnées ; au gré des besoins successifs, on les a reliées entre elles ou rattachées à la terre ferme.

Dans tout le cours de la Seine parisienne, on n'en compte plus que deux à cette heure, l'île de la Cité, l'île-mère, celle d'où la vieille Lutèce est sortie du fond des marécages, et l'île Saint-Louis ; les autres méritent qu'on rappelle ce qu'elles étaient et qu'on dise ce qu'elles sont devenues. Jadis on en comptait dix : c'était d'abord l'île aux Javiaux ; en 1468, elle prit le nom de Nicolas Louviers, prévôt des marchands, qui la possédait. Au commencement du XVIIIe siècle, elle fut acquise par l'administration municipale sans but déterminé ; elle était louée à des marchands de bois, qui y créèrent des chantiers importants, sorte de docks des bois *flottés*.[1] C'est ainsi que nous l'avons encore connue, réunie au quai des Célestins par le petit pont de Grammont et n'ayant pour toute maison qu'un poste occupé par des gardes municipaux ; l'étroit bras de la Seine qui la séparait de la ville a été comblé en 1843. Elle resta inhabitée, et en 1848 on y établit des baraquements pour quelques-uns des régiments de l'armée rassemblée à Paris à la suite de l'insurrection de juin. Aujourd'hui l'ancienne île Louviers est bordée d'un côté par le boulevard Morland, de l'autre par le quai Henri IV, et l'on ne se douterait guère, à la voir, qu'elle était, il y a vingt ans à peine,

1 Ses débuts sous ce rapport ne furent pas heureux. Dans la nuit du 28 au 29 mars 1721, un chantier de bois de charpente y fût consumé par un incendie que trois ouvriers y allumèrent en fumant. Ces malheureux périrent dans les flammes, et le dégât dépassa 100,000 francs. Voyez Buvat, *Journal de la régence*, II, p. 233.

entourée d'eau de tous côtés.

L'île Saint-Louis, qui de nos jours encore a conservé une physionomie toute spéciale (et qui offre une honorable particularité que Parent-Duchâtelet fait ressortir avec soin), est formée de l'île Notre-Dame et de l'île aux Vaches ; en examinant un plan de Paris au XVIe siècle, on voit que ces deux îles étaient séparées par un petit canal étroit qui ne pouvait recevoir aucun bateau, et qui passait sur l'emplacement actuel de l'église Saint-Louis. Par contrat signé le 19 avril 1614 et enregistré le 6 mai de la même année, elles furent concédées à Christophe-Marie, entrepreneur général des ponts de France, et à Le Regratier, trésorier des Cent-Suisses, à la condition qu'ils réuniraient les deux îles ensemble et les joindraient à la terre ferme par un pont. Grâce aux difficultés élevées par le chapitre de Notre-Dame, qui avait un vieux droit de possession sur ces terrains, les constructions ne furent terminées qu'en 1647 ; la rue Le Regratier et le pont Marie ont consacré le nom des fondateurs de l'île Saint-Louis. Dans l'origine, l'île de la Cité s'arrêtait à l'endroit où l'on a tracé la rue Harlay-du-Palais ; au-dessous d'elle, vers l'ouest, s'étendait l'île aux Juifs, l'île aux Treilles, où furent brûlés le grand-maître Jacques Molay et Guy, commandeur de Normandie ; au-delà, c'était l'îlot de la Gourdaine ou l'île au Moulin-Buci. En 1578, Henri III réunit les trois îles en une seule au moment où il faisait commencer la construction du Pont-Neuf. Henri IV donna tout cet emplacement au chancelier de Harlay à la charge de le couvrir de maisons bâties sur un plan indiqué par Sully ; l'île aux Juifs est maintenant la place Dauphine et l'île de la Gourdaine est le terre-plein sur lequel s'élève la statue d'Henri IV. L'île du Louvre était un simple banc de sable qui a été détruit vers la fin du XVIIe siècle, lorsqu'on construisit le port Saint-Nicolas ; l'île de Seine était séparée de la Grenouillère moins par un bras de rivière que par un marécage peuplé de batraciens ; elle avait une quinzaine d'arpents de longueur et contenait des oseraies ; en 1645, à l'aide d'un barrage en amont, on dessécha le fossé boueux, et l'île disparut. L'île des Cygnes, où s'élèvent aujourd'hui la manufacture des tabacs et le Garde-Meuble, n'a été jointe à la rive gauche que depuis 1820. Son premier nom était fort irrévérencieux ; elle doit le second aux cygnes que Louis XIV avait fait mettre sur la Seine en 1676, et qui allaient chercher un refuge et déposer leurs couvées dans les roseaux dont l'île était entourée ; elle servit de point de mire à bien des faiseurs de projets, et en 1785 un architecte nommé Poyet proposa d'y bâtir un nouvel Hôtel-Dieu qui aurait eu exactement la forme du Colisée de Rome. Son mémoire, accompagné de plans, est extrêmement curieux à parcourir et montre un homme qui avait des idées aussi grandioses que pratiques.[1]

L'annexion de la banlieue a fait entrer une île nouvelle dans Paris ; est-ce bien une île ? A la voir, on en pourrait douter : elle ressemble à une étroite jetée qui prolonge la pile médiane du pont de Grenelle ; on la nomme l'*allée* des Cygnes : elle ne porte aucune habitation ; mais elle est le paradis des pêcheurs à la ligne. Sur ses berges verdoyantes, ils se réunissent attentifs et silencieux ; c'est le petit bras de la Seine où ne passent pas les bateaux à vapeur qui est le théâtre de leurs exploits ; l'ablette abonde, le goujon donne, et parfois même on a la chance d'enlever un barbillon, à la grande jalousie des concurrents voisins.

Il faut aussi parler des ponts, car ils appartiennent à la Seine, dont ils joignent les deux rives et dont ils ont singulièrement modifié la physionomie. Dans le principe, quand toute la ville était la Cité, il n'y en eut que deux, le Grand et le Petit, défendus chacun à leur entrée par une forteresse : le Grand-Châtelet, le Petit-Châtelet. Ces deux ponts suffirent aux besoins des Parisiens pendant treize ou quatorze siècles. Dès 1141, le Grand-Pont prit le nom de Pont-au-Change à cause des changeurs de monnaies, qui, sur l'ordre de Louis VII, y avaient établi leurs boutiques ; les eaux, les débâcles de glaces l'ont souvent emporté. Les maisons qu'il portait furent démolies en 1786, à l'époque où l'on se décida à supprimer les habitations qui encombraient les ponts et les rendaient souvent dangereux ; Il a été récemment refait de fond en comble pour

---

1 *Mémoire sur la nécessité de transférer et reconstruire l'Hôtel-Dieu de Paris*, etc., par le sieur Poyet, architecte et contrôleur des bâtimens de la ville (1785). Ce projet n'était point nouveau, car Barbier (*Chronique de la régence et du règne de Louis : XV*), après avoir raconté l'incendie qui détruisit une partie de l'Hôtel-Dieu au mois, d'août 1737, ajoute : « Le public souhaiteroit fort que cet accident donnât lieu à ôter l'Hôtel-Dieu du milieu de Paris pour le transporter dans l'Ile M…, au-dessus des Invalides, attendu que la quantité d'ordures qui sortent de cet hôpital par une lessive continuelle doit corrompre l'eau que l'on puise au-dessous pour boire dans tout Paris. »

continuer l'alignement du boulevard Sébastopol. Un manuscrit de la Bibliothèque impériale contient une miniature exécutée en 1345 qui représente le Pont-au-Change ; il ne ressemble guère à ce qu'il est aujourd'hui ; ses arches sont embarrassées par des moulins, et ses bords disparaissent sous les masures qui les couvrent. C'était le pont par excellence à cette époque ; Guillebert de Metz, qui l'a visité, en parle avec admiration. « Là demeurent les changeurs d'un côté et les orfèvres d'autre côté. En l'an quatorze cent, et quand la ville était en sa fleur, passaient tant de gens tout jour sur ce pont que on y rencontrait adez ung blanc moine, adez un blanc cheval. » Il appartenait à trois juridictions différentes qui toutes trois y exerçaient la justice avec cette jalousie inquiète que donnent les privilèges seigneuriaux. La chaussée était au roi, les arches de côté au chapitre, de Notre-Dame, qui y faisait moudre, l'arche du milieu au prévôt des marchands. Cette dernière était exclusivement réservée à la navigation ; mais nul bateau ne pouvait la franchir sans payer un droit fixe à l'*avaleur de nefs*. Que le lecteur ne voie pas dans ce fonctionnaire une sorte de Gargantua engloutissant les bateaux chargés de vivres et de vins ; son nom a une signification moins redoutable : il avalait les nefs, c'est-à-dire qu'il les faisait descendre, les dirigeait en *aval* de la rivière. Lorsqu'un roi de France faisait son entrée solennelle dans « sa bonne ville de Paris, » il passait sur le Pont-au-Change ; au moment où il y mettait le pied, auprès du Grand-Châtelet, les jurés oiseliers avaient le privilège et l'obligation de lâcher des oiseaux captifs, afin de rappeler au souverain la liberté qu'il devait accorder aux prisonniers. Le Petit-Pont est aujourd'hui encore tel qu'il fut rebâti en 1718, après avoir été neuf fois détruit par des incendies et des inondations.

Le pont Saint-Michel fut le troisième pont que vit Paris ; il fut commencé en 1378 par ordre de Charles V et terminé seulement en 1387. Les vieillards peuvent se rappeler l'avoir vu chargé de maisons, car ces dernières ne furent enlevées qu'en 1808 ; il vient d'être repris en sous-œuvre et mis en rapport avec le boulevard Saint-Michel, qu'il réunit au boulevard Sébastopol. En 1413, pendant une des époques les plus troublées de notre histoire, au moment de cette folie de Charles VI qu'on appelait « l'occupation de notre seigneur le roi de France, » on compléta la communication de la Cité avec la terre ferme en construisant le pont Notre-Dame, qui ne fut achevé qu'en 1421 et ne dura pas longtemps, car, grâce aux mauvais matériaux de son appareil, il s'écroula en 1449 ; on le rebâtit, et nous l'avons vu encore embarrassé d'une haute construction soutenue sur pilotis, énorme pompe hydraulique élevée en 1670, refaite en 1708, qui chaque jour distribuait deux millions de litres d'eau aux quartiers environnants. C'était un lieu de repêche des cadavres ; tous les noyés de la Haute-Seine, entraînés par la force extraordinaire du courant, venaient s'arrêter dans l'assemblage des poutres qui servaient de fondation à cette vaste machine et étaient recueillis par le gardien, qui les faisait porter à la morgue et retirait quelques bénéfices de cette étrange industrie. La pompe avec son enchevêtrement de poutres et de madriers a été enlevée en 1858 ; cette suppression a rendu la navigation plus facile, mais néanmoins elle est dangereuse sous le pont Notre-Dame, et l'arche du Diable n'a que trop mérité son nom ; elle a vu sombrer bien des bateaux chargés de pierres et se briser les coupons de bien des trains de bois. Grâce à la canalisation du petit bras de la Seine parisienne et au barrage écluse de la Monnaie, une route meilleure est ouverte aux mariniers, et le pont Notre-Dame est presque complètement délaissé aujourd'hui.

Il était couvert de maisons comme les autres. Mercier raconte dans son *Tableau de Paris* que le 2 janvier 1782 une débâcle imprévue entraîna l'énorme patache qui servait de bureau aux douaniers de la Seine ; emportée, elle brisa sur son passage tous les chalands qu'elle rencontra. Les débris se précipitèrent vers le pont Notre-Dame ; « on ordonna de déménager sur l'heure, » une subite reprise de gelée sauva le pont et ses habitants. Mercier réclama le déblayage immédiat de tous les ponts. « Quand toutes les cheminées avec les entre-sols seront dans la rivière, dit-il, il faudra bien d'autres travaux pour décombrer le lit de la Seine. » Il avait raison, et, fait rare, il fut entendu, car on prit enfin la grande mesure réclamée depuis si longtemps, et l'on commença à rendre le passage des ponts sérieusement praticable.

En mai 1578, dit Pierre de l'Estoile, « à la faveur des eaux, qui lors commencèrent et jusques à la Saint-Martin continuèrent d'être fort basses, fut commencé le Pont-Neuf de pierre de taille, qui conduit de Nesle à l'École Saint-Germain, sous l'ordonnance du jeune du Cerceau, architecte du roy. » C'est Henri IV qui devait le voir terminer en 1602. A peine fut-il achevé que les bouquinistes s'en emparèrent pour y mettre leurs échoppes et leurs étalages ; il ne fallut rien moins qu'un arrêt du parlement pour les en déloger en 1649 ; ils se sont réfugiés sur les quais, et depuis lors ils les occupent en maîtres.

Dans ce temps-là, on n'avait guère de respect pour les besoins de la navigation, qui cependant était plus considérable qu'aujourd'hui, car le pont était à peine achevé qu'on élevait sur la seconde arche une pompe qu'on appela *la Samaritaine*, et qui avait son gouverneur comme un château royal ; elle était fort aimée des badauds parisiens qui en venaient écouter le carillon ; après avoir été reconstruite en 1772, elle fut abattue en 1813. Ce n'était pas le seul édifice inutile qui embarrassait le Pont-Neuf ; on se souvient encore des vingt boutiques dessinées par Soufflot qui s'arrondissaient sur le parapet et semblaient prolonger les piles : on y vendait des habits, des chapeaux, des briquets-Fumade ; tout cela a disparu enfin, et au lieu de ces vilaines logettes on a placé des bancs semi-circulaires qui ne gênent pas la vue, n'entravent pas la circulation et servent aux passants fatigués.

On peut comprendre l'accroissement extraordinaire que subit Paris pendant le XVIIe siècle en voyant la quantité de ponts qu'on y élève pour mettre les différents quartiers en communication les uns avec les autres, augmenter la facilité de la circulation d'une rive à l'autre, de la Seine et supprimer avantageusement les bacs, les batelets, dont les derniers ne disparurent cependant que vers 1820. En 1635, le Pont-Marie est terminé ; le pont de la Tournelle, d'abord bâti en bois en 1620, est refait en pierre en 1656 ; en 1634, on établit le Pont-au-Double, ainsi nommé parce qu'il fallait payer un double denier pour avoir le droit de le traverser. Jusqu'au milieu du XVIIe siècle, on ne communique des Tuileries à la rive gauche que par un bac dont le souvenir est conservé aujourd'hui encore par la rue qui porte ce nom. Vers 1632, le sieur Barbier, contrôleur-général des forêts de l'Ile-de-France, fit bâtir un pont de bois qui s'appela le Pont-Barbier, le pont Saint-Anne, en l'honneur de la reine, et bien plus communément le Pont-Rouge ; d'après le plan de Gomboust, il aboutissait précisément en face la rue de Beaune et était aussi, comme le Pont-Neuf et le pont Notre-Dame, embarrassé d'une pompe hydraulique. Tant bien que mal il dura une cinquantaine d'années, fort endommagé souvent par les débâcles et exigeant des réparations presque continuelles. Le 20 février 1684, une crue plus haute que de coutume se fit sentir en Seine, et le pont s'en alla avec elle. Louis XIV ordonna de le reconstruire en pierre ; l'arrêt du conseil est du 10 mars 1685 ; quatre ans après, le Pont-Royal était terminé sous la direction de Gabriel, et le procès-verbal de réception du 13 juin 1689 constate qu'il a coûté 742,171 livres 11 sols.[1]

En 1617, on avait réuni l'île Saint-Louis à la Cité par le pont de Bois, dit aussi le Pont-Rouge, qu'une passerelle remplaça en 1842, et qui, aujourd'hui en bonnes pierres de taille, s'appelle le pont Saint-Louis. Au XVIIIe siècle, un seul pont apparaît, mais c'est le plus beau de Paris ; le pont de la Concorde, commencé en 1787, traînait en longueur, la prise de la Bastille en accéléra la construction en lui apportant les matériaux de la vieille forteresse. Pendant longtemps, nous l'avons vu orné de douze statues colossales qui représentaient quelques-uns des héros de l'histoire de France ; mais elles chargeaient trop les piles sur lesquelles elles étaient placées, on craignait un tassement qui aurait pu avoir de graves conséquences, et en 1837 on transporta ces lourds grands hommes dans la cour d'honneur du château de Versailles.[2]

Tels sont les dix ponts que le XIXe siècle a trouvés à Paris et qui alors suffisaient amplement aux besoins de la grande ville. Napoléon, la dynastie de juillet et le second empire ont singulièrement augmenté ce nombre : Paris possède aujourd'hui vingt-six ponts et même vingt-sept, si l'on compte le pont Saint-Charles, qui sert aux communications des deux rives de l'Hôtel-Dieu. Sous le gouvernement de Louis-Philippe, la mode était aux ponts suspendus ; on en fit beaucoup trop. Outre le très grave

1 Delamarre, *Traité de la police*, I, p. 89.

2 Ces statues sont celles de Sully, Suger, Duguesclin, Colbert, Turenne, Du-guay-Trouin, Suffren, Bayard, Condé, Duquesne, Tourville et le cardinal Richelieu. C'est une ordonnance de Louis XVIII, datée des 19 Janvier et 14 février 1816 qui en fixa le choix ; mais ce choix remplaçait celui qui avait été fait par Napoléon six ans auparavant. « Le 1er janvier 1810, etc., avons décrété et décrétons ce qui suit : Les statues des généraux Saint-Hilaire, Espagne, Lasalle, Lapisse, Cervoni, Lacour, Hervé, morts au champ d'honneur, seront placés sur le pont de la Concorde. » Il faut reconnaître que le projet de Louis XVIII est plus général dans son ensemble et historiquement meilleur que celui de Napoléon.

inconvénient qu'ils ont de ne point offrir de passage aux voitures, ils ont prouvé, par l'usage, qu'ils étaient peu solides et résistaient mal au piétinement perpétuel d'une population toujours active et pressée.[1] De toutes les passerelles qui ont été élevées il y a une trentaine d'années, une seule subsiste encore aujourd'hui : c'est la passerelle de Constantine, qui, livrée au public en janvier 1838, réunit le quai Saint-Bernard au quai de Béthune. La révolution de février a rendu aux Parisiens le service considérable d'annuler d'un seul coup tous les péages dont certains ponts étaient grevés ; aujourd'hui toute circulation est libre, l'état a désintéressé les compagnies concessionnaires. Il existe cependant encore quelques ponts (le pont des Arts, la passerelle de Constantine) qui sont exclusivement réservés aux piétons ; il faut le dire franchement, à une époque comme la nôtre, où nos rues sont à toute heure encombrées par une quantité extraordinaire de voitures, où, malgré de considérables travaux rapidement accomplis, les débouchés sont encore insuffisants, une pareille anomalie, un tel contre-sens est absurde et devrait disparaître sans délai ; autant il était vexatoire d'avoir à payer jadis sur les ponts d'Austerlitz, d'Arcole, des Saints-Pères, des Invalides, autant il est difficile à comprendre qu'on force les voitures à des détours inutiles et préjudiciables, tandis qu'il serait si facile de reconstruire les ponts insuffisants qui leur refusent le passage aujourd'hui.

Depuis le 2 décembre, on a beaucoup fait pour les ponts de Paris ; le second empire en a construit ou reconstruit quinze ; les deux plus importants sont le pont Napoléon, au-dessus de Bercy, et le pont monumental du Point-du-Jour, au-dessous d'Auteuil. Tous deux servent de viaduc au chemin de fer de ceinture, mais ils sont ouverts aussi aux voitures et aux piétons.[2] Certes Paris a un

1 Ils peuvent être excessivement dangereux. Qu'on se rappelle la catastrophe d'Angers, tout un bataillon précipité par la chute subite du tablier d'un pont suspendu !

2 Il peut être curieux de savoir à combien reviennent les travaux entrepris depuis quinze ans pour bâtir ou rebâtir les différens ponts de Paris. Voici les chiffres : pont Napoléon, 2,236,905 fr. ; — pont de Bercy, 1,334,877 fr. 85 c. ; — pont d'Austerlitz, 951,204 fr. 08 c. ; — pont Louis-Philippe, 785,065 fr. 39 c. ; — pont Saint-Louis, 655,669 franc 75 c. ; — pont d'Arcole, 1,143,000 fr. ; — Petit-Pont, 385,509 francs 42 c. ; — pont Notre-Dame, 713,356 fr. 37 c. ; — pont Saint-Michel, 743,253 fr. 09 c. ; — Pont-au-Change, 1,272,231 fr. 38 c. ; — Pont-Neuf, 1,687,779 fr. 03 c. ; — pont Solferino, 1,089,942 fr. 35 c. ; — pont des Invalides, 1,053,389 fr. 53 c. ; — pont de l'Alma, 2,075,759 fr. 98 c. ; — pont-viaduc d'Au-

Maxime Du Camp

système de ponts qui est sans pareil au monde, et je ne sais nulle capitale qui sous ce rapport puisse lui être comparée ; cependant il entre dans les projets de l'autorité municipale de rendre ce système plus complet encore, et d'ouvrir entre les deux rives de la Seine des communications plus faciles et plus larges. — Le terre-plein qui porte la statue de Henri IV sur le Pont-Neuf, conduit en forme de jetée jusqu'à l'extrémité *aval* de l'écluse, rejoindrait un pont qu'on doit construire entre le quai Conti et le point d'intersection des quais du Louvre et de l'École, de façon à établir un va-et-vient reliant la rue du Louvre et le futur prolongement de la rue de Rennes, qui, partant de la gare Montparnasse, aboutirait presque en ligne droite au boulevard Poissonnière, si la rue du Louvre est, comme on le dit, poussée jusque-là. Ce n'est pas assez, et une entreprise plus grandiose encore sera mise à exécution lorsque les nouvelles constructions du Louvre seront terminées : un pont de 45 mètres de large, ayant ses trottoirs dans l'axe du pavillon Lesdiguières et du pavillon La Trémouille, irait rejoindre le quai Voltaire, où il s'aboucherait avec une place recevant deux vastes voies qui communiqueraient avec le boulevard Saint-Germain. Dans ce cas-là, le pont des Saints-Pères et le Pont-Royal seraient démolis. Aujourd'hui tous les ponts sont libres ; les arches, débarrassées des constructions sur pilotis qui les encombraient jadis, offrent à la navigation un passage facile ; les piles portent à la surface de solides anneaux de fer où les bateaux peuvent attacher un grelin qui leur sert à se haler lorsque la remonte est trop pénible ; les fondations sont visitées régulièrement ; dès qu'un ensablement se manifeste sous une arche, vite on amène une drague à vapeur, et l'on rend à la rivière sa profondeur normale. Quelque rapide que soit encore le courant sous le pont Notre-Dame et le Pont-au-Change, il n'offre plus de danger, et les naufrages sont bien plus rares aujourd'hui qu'autrefois. Faut-il ajouter que les abords des ponts sont encore un rendez-vous pour les pêcheurs à la ligne ? Malgré les bateaux à vapeur qui la fouettent incessamment, la Seine, largement engraissée par les détritus de Paris, est abondante en poisson. Ce qui le prouve, c'est que la pêche au filet depuis Bercy jusqu'à l'ancienne barrière des Bonshommes est affermée annuellement pour la somme de 9,100 francs.

---

teuil, 3,463,774 fr. 35 c. ; — total : 19,590,816 fr. 60 centimes.

Partie II

A part le canal Saint-Martin, qui s'y jette au bassin de l'Arsenal par un des anciens fossés de la Bastille, la Seine ne reçoit à Paris même qu'un seul affluent : c'est la Bièvre, triste ruisseau qui tombe en amont du pont d'Austerlitz, un peu au-dessus de la gare monumentale que la compagnie du chemin de fer d'Orléans vient de construire. La Bièvre, qui aujourd'hui s'échappe honteusement par une bouche d'égout, était jadis redoutable pour les quartiers qu'elle traversait. « La nuit du mercredi 1er avril 1579, dit Pierre de l'Estoile, la rivière de Saint-Marceau, au moyen des pluies des jours précédents, crût à la hauteur de quatorze ou quinze pieds, abattit plusieurs moulins, murailles et maisons, noya plusieurs personnes surprises en leurs maisons et leurs lits, ravagea grande quantité de bétail et fit un mal infini. » Les deux affluents urbains n'apportent pas grande force à la Seine ; en revanche, elle est grevée de quatre prises d'eau, dont trois, celles de Bercy, de Chaillot, d'Auteuil, alimentent les quartiers voisins, et dont la quatrième, celle du Gros-Caillou, dessert la manufacture des tabacs.

Le département de la Seine est divisé en neuf arrondissemens. de navigation, dont six appartiennent à Paris : le troisième, qui va des fortifications d'amont jusqu'au pont de Bercy, le quatrième du pont de Bercy au Pont-Neuf, le cinquième du Pont-Neuf au pont de la Concorde, le sixième du pont de la Concorde aux fortifications d'aval, le huitième embrassant le canal Saint-Martin, et le neuvième comprenant le bassin de la Villette, le canal de l'Ourcq et le canal Saint-Denis. Ces six arrondissements contiennent trente ports affectés au débarquement et à l'embarquement de différentes marchandises. Le personnel chargé de veiller au maintien des conditions qui rendent la navigation facile sur un fleuve aussi encombré que la Seine à Paris est composé d'un inspecteur général, de six inspecteurs de première classe, de six inspecteurs de seconde classe et de deux inspecteurs-adjoints. Ce service important sous tant de rapports appartient à la seconde division de la préfecture de police.

La Seine parisienne est par elle-même en communication avec la Champagne et la Normandie ; par les canaux de Loing et

Maxime Du Camp

du Centre, elle se relie à la Loire et à la Saône ; par le canal de Bourgogne, l'Yonne et la Saône, elle touche au Rhône et du Rhône au Rhin ; par le canal de Saint-Quentin et par l'Oise, elle se rattache aux départements du nord ; par le canal Saint-Denis et le canal de l'Ourcq, elle rectifie et annule les coudes trop accusés de son propre cours, de même que, par le canal Saint-Maur, la Marne évite un détour plein de lenteur et arrive plus vite aux grands entrepôts de Paris. Comme on le voit, par les canaux, la Seine a l'est et le nord ; par la mer, le cabotage et son embouchure du Havre, elle a l'ouest, auquel le midi se rejoint par les voies canalisées. Elle est donc en relation avec la France entière. Aussi la navigation de la Seine, à Paris même, est-elle très active et plus importante pour nos besoins journaliers qu'on ne le croit généralement. Les chemins de fer, il faut le reconnaître, lui ont porté un rude coup et lui ont enlevé une partie de son utilité ; néanmoins elle offre encore des conditions de sécurité et de bon marché qui la rendent très précieuse au commerce.

Sauf des exceptions tellement minimes qu'il est inutile d'en parler, tout le bois qui se consomme à Paris, bois à brûler et bois à œuvrer, arrive par la Seine en bûches, en perches, en grume et parfois même en poutres débitées. C'est une industrie bien primitive que celle du *flottage*, et, à en voir l'extrême simplicité, on pourrait croire qu'elle a existé de tout temps et qu'elle remonte à l'époque où l'arche de Noé voguait sur les eaux du déluge. Il n'en est rien, et relativement elle est assez récente. En 1549, un marchand de bois parisien nommé Jean Rouvet, voyant que les forêts voisines de la capitale s'épuisaient, et comprenant que le moment n'était pas éloigné où le combustible manquerait, car les routes étaient rares en ce bon vieux temps, imagina de faire servir les ruisseaux, puis les rivières et enfin la Seine à charrier vers Paris le bois nécessaire aux besoins des habitants. On se moqua du bonhomme, on le traita de fou ; il eut cela de commun avec la plupart des inventeurs. il n'en démordit pas, se rendit dans le Morvan, acheta une partie de forêt, la fit abattre, la jeta à l'eau, la réunit, en fit des *trains* et les conduisit triomphalement au quai de la Grève. L'exemple était donné, on l'imita et l'on fit bien. En 1556, un autre marchand, René Arnould, perfectionna la construction des trains et les amena à l'état où nous les voyons encore aujourd'hui. Le bois étant abattu et dépecé à une longueur moyenne déterminée, chaque bûche est timbrée d'une estampille particulière indiquant à qui il appartient, puis on l'abandonne au ruisseau voisin, auquel on a eu soin de faire un barrage en aval, à l'endroit où il tombe dans une rivière. Là on fait le *tri* (les ouvriers chargés de cette besogne se nomment les *triqueurs*), on groupe ensemble tous les morceaux de bois appartenant au même individu, et l'on en fait un train qui est toujours composé d'une façon invariable. On divise le train en 576 parties égales, préparées séparément et qu'on nomme les *mises*, on assemble ces mises quatre par quatre ; ainsi réunies, elles sont des *branches*. Quand les 72 branches sont faites, on les groupe en dix-huit portions, dont chacune forme un *coupon* ; neuf de ces coupons rattachés ensemble deviennent une *part*, la part d'avant et la part d'arrière ; ces deux parts, solidement liées l'une à l'autre, complètent le train, qui, ainsi parachevé, est prêt pour le *flot*. Ainsi un train se compose de deux parts, de dix-huit coupons, de soixante-douze branches et de cinq cent soixante-seize mises ; les cordes en osier qui servent à faire un tout de ces divers éléments s'appellent, comme au temps où Jean Rouvet les employa pour la première fois, des *harts*. Par suite d'une vieille coutume traditionnelle, tout individu, quel qu'il soit, homme, femme ou enfant, qui travaille à trier, à empiler le bois, à confectionner le train, a le droit de brûler sur place ce dont il a besoin pour son usage personnel tout le temps qu'il travaille ; de plus chaque soir il reçoit le *faix*, c'est-à-dire un certain nombre de bûches équivalant à son faix, à ce qu'il peut emporter sous son bras.

Les trains voyagent deux par deux et forment ainsi un *couplage*. Chacun est dirigé par deux hommes : l'un, le *flotteur*, qui se tient à l'avant, dirige la navigation, se sert du pieu de nage pour guider son long serpent de bois à travers les méandres du fleuve ; l'autre, qui est un apprenti dont la place est à l'arrière, et qui à cause de cela est surnommé le *petit derrière*. Quand les trains arrivent vers Paris, on les gare au Port-à-l'Anglais, près de Charenton ; là les conducteurs reçoivent de l'un des inspecteurs des différents ports de Paris l'autorisation d'entrer et de se ranger à l'emplacement désigné où le train doit être *tiré*. Il est dépecé, détaché bûche à bûche par des ouvriers qui sont des *tireurs*, puis le tout est chargé sur des charrettes et conduit aux chantiers, où il attend l'heure d'être vendu. Le *bois vert* est propre à être brûlé après une année de coupe, le *bois sec* attend dix-huit mois ou deux ans. Les ports de Paris spécialement réservés au tirage des bois sont ceux de la Gare, de la Râpée, le port au vin, le port des Invalides et les ports du canal Saint-Martin. En 1866, il est arrivé à Paris 2,616 trains de bois à œuvrer et à brûler représentant l'énorme poids de 582,509,729 kilogrammes. La majeure partie des bois à brûler, 166,625,470 kilogrammes, est venue par l'Yonne et ses affluents, tandis que c'est la Marne qui nous a apporté le plus de bois à œuvrer, 74,637,030 kilogrammes. Il y a des mois pendant lesquels le flottage chôme singulièrement, tandis que dans certains autres il semble se multiplier : si en janvier, février, mars 1866, les trains n'arrivent qu'au nombre de 21, — 26, — 18, ils montent en mai, juin, juillet, au chiffre de 691, — 441, — 385. A partir de ce moment, ils décroissent ; mais l'hiver approche, il faut faire sa provision de bois, les marchands craignent d'être pris au dépourvu, et novembre donne 367 trains. S'il arrive qu'un train de bois se détraque en route ou se brise sur une pile de pont, la marchandise n'est pas perdue pour cela. Chaque année, en exécution de l'ordonnance de police du 25 octobre 1840 (art. 194), le préfet de police délivre environ quatre-vingts commissions de *repêcheurs de bois* à des individus présentés par l'agent général du commerce des bois à brûler.

C'est un dur métier que celui de flotteur ; il faut sans cesse être sur le qui-vive, la nuit, quand on dort, ne dormir que d'un œil, parer au passage des ponts et des écluses, éviter les courants trop lents ou trop rapides, vivre les pieds dans l'eau et la tête au soleil, devenir une espèce d'être amphibie et connaître jusque dans leurs détours, leurs caprices, leurs fausses apparences, les rivières auxquelles on s'abandonne. Ces flotteurs qui nous apportent à Paris notre provision de bois pour l'hiver constituent une race énergique, rude, un peu brutale parfois, mais d'une probité à toute épreuve. Pieds nus, le pantalon retroussé, la veste de camelot à l'épaule, ils vont, pendant de longues journées mélancoliques, au cours de l'eau qui les emporte, chantant un refrain monotone ou jetant un ordre bref à l'enfant qui est à l'arrière et guide les derniers coupons. Ils n'ont pas cependant la poésie, la haute saveur de ces flotteurs de la Murg qui, vêtus de rouge et de blanc, la tête coiffée du bonnet de renard à pasquilles d'or, mènent jusqu'à Dordrecht et Amsterdam, par le

Rhin et la Meuse, des trains de bois de construction qui valent souvent quatre ou cinq millions. D'un temps oublié maintenant, ils ont conservé l'habitude de commander France, Allemagne, selon la rive du Rhin vers laquelle ils veulent incliner ; quand ils sont arrivés au terme de leur voyage, ils reviennent à pied, en chariot, en chemin de fer, fêtant tous les cabarets qu'ils rencontrent sur leur route, et rentrent dans leurs villages, accroupis au pied des montagnes de la Forêt-Noire, en portant sur leur dos les lourds engins qui servent à leur dur labeur.

Les mêmes rivières, les mêmes canaux qui nous amènent le bois à brûler nous apportent également le charbon. Cependant le charbon n'est pas si pesant qu'il ne puisse prendre la voie des chemins de fer sans que le prix en soit augmenté. Aussi la Seine a-t-elle perdu le monopole de ce genre de transport, qu'elle a conservé jusqu'en 1832, où la vente publique du charbon n'était permise que sur certains emplacements de quais appartenant à l'administration municipale et loués par elle. Néanmoins en 1866 il en a été débarqué dans les ports de Paris plus de quarante-deux millions de kilogrammes, venant principalement de l'Aube et de la Loire. C'est en juillet qu'a lieu l'arrivage le plus considérable. L'an dernier, pour ce seul mois, il a été de 11,183,811 kilogrammes. Il y a quatre ports réservés à la vente du charbon de bois : ce sont ceux de Mazas, de l'île Louviers, du quai Saint-Bernard et du quai de l'École.

Depuis l'application de la vapeur à l'industrie, le charbon de terre est devenu un objet de première nécessité ; on a cherché à se le procurer au plus bas prix possible, et on en amène beaucoup par les voies navigables ; les ports des Miramiones, de Saint-Paul, d'Orsay, des canaux de Saint-Martin et de la Villette, en ont reçu 843,538,020 kilogrammes en 1866, sans compter 5,862,300 kilogrammes de coke et de tourbe. Toute cette masse, sauf une quantité minime, nous arrive de Belgique, par les canaux du Nord et par l'Oise, sur les larges et profondes péniches qui, avant de s'en retourner vers la Sambre et l'Escaut, chargent du savon et des écorces de jeunes chênes.

Tout le transport du vin se faisait autrefois par eau ; jusqu'à la fin du XVIe siècle, il fut même défendu de vendre le vin en gros ailleurs que sur la rivière. Aujourd'hui on confie plus volontiers

Maxime Du Camp

les vins fins aux chemins de fer, et seuls les vins communs sont réservés à la Seine ; c'est la Bourgogne surtout qui nous en expédie, car sur 295,672 hectolitres 94 litres qui sont entrés à Paris en 1866, elle en a envoyé plus de 200,000 hectolitres. J'imagine que les mariniers qui nous apportent ces fûts, ces pipes et ces feuillettes n'engendrent pas la mélancolie, car l'usage veut que chaque homme ait le droit de disposer d'un tonneau de vin pendant son voyage. Cela peut sembler excessif ; mais sur les rives où ils s'arrêtent afin d'acheter leur nourriture quotidienne, c'est pour eux une monnaie d'échange : on leur donne du poisson, du pain, de la viande ; ils paient en bouteilles pleines. Tout ne s'en va pas d'ailleurs en menue monnaie, tant s'en faut ; un marinier de Haute-Seine boit facilement dans sa journée et sans en être troublé 5 ou 6 litres de vin. On m'a dit même qu'un bon tonnelier de Bercy buvait quotidiennement de 8 à 9 litres. Ces gens-là mangent peu, dorment dès qu'ils n'ont rien à faire et passent leur vie dans une sorte d'abrutissement vague qui leur laisse tout juste assez de lucidité pour accomplir leurs faciles fonctions. Bercy, chacun le sait, est le lieu principalement réservé au débarquement des vins ; en 1866, ce port a reçu 264,754 hectolitres 48 litres. C'est un étrange pays qui, par son aspect absolument spécial, a l'air d'être aux antipodes de Paris. Le quai n'a point de parapet ; une simple rangée de bornes écornées par les haquets sépare le port de la chaussée ; derrière les bornes et ne les dépassant jamais sont alignées des espèces de guérites sur lesquelles on lit des enseignes de voituriers. Ce sont les propriétaires d'une charrette, d'un haquet, d'un cheval, qui s'établissent là et sollicitent le charroi des tonneaux que les débitants au détail viennent acheter. Chaque maison a une porte charretière suivie d'une avenue plantée d'arbres qui n'en finit pas et où sont placés côte à côte des régiments de feuillettes. On ne voit que des gens armés d'un poinçon et d'une tasse d'argent ; ils font un trou, reçoivent le vin dans leur coupelle, le hument en pinçant les lèvres, s'en gargarisent, le recrachent, s'essuient la bouche d'un revers de manche, passent à une autre pièce et recommencent. On sent partout une fade odeur de lie et de vinasse qui n'est point agréable. Là on crie le vin comme dans d'autres quartiers on crie : vieux habits ! vieux galons ! C'est un gros commerce cependant et dont il ne faut point médire, car il s'y fait d'énormes fortunes. Dès 1860, l'enquête de la chambre de commerce constatait que les marchands de vins de Paris faisaient annuellement près de 200 millions d'affaires, et je crois que ce chiffre est tout à fait au-dessous de la réalité.

Les céréales viennent relativement en petite quantité par la Seine ; 1866 en a vu arriver 157,250,005 kilogrammes, sur lesquels les blés et farines comptent pour 82,556,269. L'Yonne et ses affluents en amènent la plus grande partie. C'est encore les chemins de fer qui ont accaparé ce transport, qui jadis appartenait exclusivement aux rivières et aux canaux ; il ne faut pas s'en plaindre : le blé a, dans des wagons bien fermés, moins de chances de s'avarier que dans des bateaux où la plus mince voie d'eau peut pénétrer, et où les rats ne se font pas faute d'y faire de larges brèches. Un riche minotier qui a des moulins célèbres sur la Seine, aux environs de Corbeil, a fait construire sur le quai d'Austerlitz un vaste débarcadère couvert, où les sacs, amenés par une grue pivotante, sont toujours à l'abri de la pluie et du soleil. Dans les débarquements faits aux ports de Paris l'année dernière, les fruits ne sont représentés que par le chiffre presque insignifiant, eu égard à la consommation parisienne, de 3,127,650 kilogrammes ; encore faut-il en déduire quelques tonnes de quatre-mendiants et de larges pots de raisiné. L'arrivée des fruits varie naturellement selon les saisons : en automne les raisins, et vers le mois de février les pommes, qu'on apporte à la Grève dans des toues profondes où elles sont jetées au hasard comme des cailloux sur une route. Cette année-ci, il y avait une flottille de plus de trente bateaux chargés de pommes symétriquement rangés devant le quai de l'Hôtel-de-Ville.

Ce sont de très forts bateaux, des chalands solides qui conduisent jusqu'à Paris les matériaux de construction dont, depuis une quinzaine d'années, on fait un si grand usage autour de nous. Le chiffre de cette importation est considérable et s'est élevé pour 1866 à 1,519,269,511 kilogrammes ; il faut dire que la matière est pesante, et les grues à vapeur du quai d'Orsay, où la plus grande partie des pierres de taille est déchargée, n'ont jamais été à pareille fête : elles fument jour et nuit et manœuvrent nuit et jour. Autrefois, du temps de la Grenouillère, c'était en face qu'on recevait cette espèce de matériaux, et le quai de la Conférence, où s'ouvrait le port de l'Evêque, à l'époque où ce dernier avait une ville, est encore désigné dans les plans du commencement de ce siècle sous le nom de Port-aux-pierres-de-Saint-Leu. C'est en effet des carrières qui bordent l'Oise entre Creil et Saint-Leu que la plupart de ces belles pierres arrivaient ; mais aujourd'hui il s'en fait une telle et si prodigieuse consommation pour les églises, les théâtres, les palais, les tribunaux, les préfectures, les casernes et les maisons nouvelles, qu'on en demande un peu partout, et que l'Eure nous en a envoyé l'année dernière près de 400 millions de kilogrammes. L'Yonne, l'Oise, la Loire, le canal de l'Ourcq, ne sont pas restés en arrière et ont rivalisé de zèle avec la rivière normande.

Paris attire et reçoit par la Seine bien d'autres objets qui sont indispensables à la vie quotidienne : des vinaigres, des huiles, des trois-six, des sucres, des cafés, des savons, des fourrages, des poissons, des métaux, des cotons, des faïences, des papiers et des meubles. Tout ce commerce donne à la rivière une activité considérable ; mais nous sommes si actifs nous-mêmes que c'est à peine si nous le remarquons, et peut-être sera-t-on étonné d'apprendre que les débarquements faits dans le département de la Seine par les 32,507 bateaux pu trains qui ont abordé à ses ports en 1866 représentent un poids de 3,496,624,712 kilogrammes, dont les deux tiers au moins, sinon les trois quarts, étaient à destination de Paris, et que la même année les embarquements se sont élevés au chiffre de 396,690,048 kilogrammes emportés par 4,795 bateaux vers les pays de haute et de basse Seine. Nos importations, il faut le reconnaître, sont singulièrement plus considérables que nos exportations ; mais c'est un fait qui n'a pas besoin de commentaires pour être compris.

Partie III

Tous les bateaux qui font les transports sur la Seine, besognes, lavandières, chalands, marnais, péniches, toues, flûtes et barquettes, de 25 à 50 mètres de long, jaugeant de 40 à 450 tonneaux, peuvent aisément descendre la rivière : il ne faut pour cela qu'avoir de la patience et s'abandonner au fil de l'eau ; mais, lorsqu'il s'agit de la remonter, c'est une autre affaire, et les difficultés commencent. La voile est souvent inutile et la rame toujours illusoire. Autrefois c'étaient des chevaux qui, sur les quais mêmes de Paris, halaient les bateaux. Il y a quinze ans, cela se voyait encore ; le halage était la destinée dernière des chevaux réformés : attelés à la *cincenelle*, longue corde qui s'attachait au bateau, ils marchaient inclinés par le poids qu'ils tiraient ; parfois la corde, détendue par un rapide mouvement de l'embarcation, se raidissait tout à coup et renversait impétueusement ce qu'elle rencontrait. C'était un moyen lent, dangereux, pénible ; Paris s'en est débarrassé. Le halage est remplacé aujourd'hui par le touage. Un décret du 4 avril 1854 autorise M. Eugène Godeaux à établir « à ses risques et périls un service de touage à la vapeur sur chaîne noyée au fond de la rivière. » Dans le cahier des charges, il est spécifié que ce n'est point un monopole, et que tout autre remorqueur aura le droit de naviguer sur les parties de rivière concédées à la nouvelle entreprise. Un tarif rémunérateur sans excès est imposé aux concessionnaires : on remonte moyennant un centime par tonne et par kilomètre ; ainsi, par exemple, une péniche chargée de 200 tonnes de houille partie de la Briche Saint-Denis et amenée par un toueur à l'écluse de la Monnaie aura parcouru 29 kilomètres et payé pour le remorquage 58 fr., pour le pilotage 12 fr., pour la location des cordages 5 fr., total : 75 fr.

On sait en quoi consistent la force et la manœuvre des toueurs. Une chaîne noyée est fixée aux points extrêmes de la rivière, le bateau toueur fait passer cette chaîne sur deux treuils placés au milieu de son pont ; une machine à vapeur met les treuils en mouvement, et le bateau se hale lui-même, sans hélice et sans aubes, en déroulant vers lui la chaîne sur laquelle il prend un point d'appui qui quadruple sa force de traction. On peut affirmer qu'un toueur armé d'une machine de 50 chevaux égale la puissance d'un remorqueur ordinaire de 200 chevaux. Les premières dépenses d'installation sont assez considérables, car en dehors de la construction du bateau et de sa machine la chaîne seule coûte 6,500 fr. par kilomètre. Le touage aujourd'hui est en pleine activité sur la Seine de Paris, et le temps n'est pas éloigné où ce système de halage, préférable à n'importe quel autre, sera appliqué à toutes nos voies navigables, fleuves, rivières et canaux. Un seul toueur peut remorquer à la fois dix et quinze bateaux chargés ; il pourrait facilement en traîner vingt, mais il est arrêté par l'ordonnance de police du 24 mai 1860, qui limite à 600 mètres la longueur des

Maxime Du Camp

trains de remorque, ce qui déjà est considérable. En 1866, la *Société de touage de la Basse-Seine* a remorqué entre Saint-Denis et Paris, soit en amont, soit en aval, 6,767 bateaux vides ou chargés, ayant à bord 857,477 tonnes de marchandises diverses ; la *Compagnie du touage de la Haute-Seine* a halé de l'écluse de la Monnaie à Bercy 11,374 bateaux vides ou chargés portant 221,263 tonneaux. Ce service est fait actuellement par 18 toueurs, et le total du poids qu'ils ont amené aux ports de Paris, tant sur la Seine que sur les canaux, est de 2,760,228 tonnes pour l'année dernière. Ils n'ont rien de commun avec 4 bateaux remorqueurs qui, dans le même laps de temps, n'ont transporté que 22,710 tonnes.[1] Des marchandises (463,986 tonnes) arrivent encore sur nos quais par des bateaux-porteurs à vapeur qui viennent directement de Rouen, du Havre et des canaux du Nord.

« N'avons-nous pas vu, dit Mercier dans son *Tableau de Paris*, le 1er août 1766, le capitaine Bertholo arriver au Pont-Royal, vis-à-vis les Tuileries, sur son vaisseau de cent soixante tonneaux, de cinquante pieds de quille, et dont le grand mât avait quatre-vingts pieds de hauteur ? » Il en conclut que Paris peut être un port de mer ; mais il ne prévoyait pas que la devise du chemin de fer du Havre, *sic Lutetia portus*, deviendrait si facilement une vérité. Que dirait-il donc aujourd'hui, s'il voyait ancrés au port Saint-Nicolas les bateaux à vapeur *Seine et Tamise* qui font un service régulier entre Paris et Londres ? J'aurais voulu donner au lecteur des renseignements positifs sur cette entreprise qui, en germe du moins, est d'une grande importance ; mais les personnes qui la dirigent n'ont pas pensé que le moment fût venu de la révéler au public. Tout ce que je puis dire, c'est que trois bateaux accomplissant chacun en moyenne quinze voyages par an font la navette entre Londres et Paris, que leur tonnage est au maximum de 400 tonneaux, qu'ils sont à hélice, et que leur construction spéciale, qui sans doute est à trois quilles comme celle des navires employés à la navigation mixte, les rend propres au parcours des fleuves et de la mer.

Si le halage à l'aide des chevaux a été remplacé par le touage et la remorque à vapeur, les fameuses galiotes et les coches ont disparu pour toujours devant les bateaux à roues et à hélice. Qui

---

1 La tonne équivaut à 1,000 kilogrammes.

n'a entendu parler du coche d'Auxerre qui a tant fait rire nos grands-parents dans *les Petites Danaïdes* ? Il arrivait et s'amarrait au quai de la Grève ; c'était, dit-on, une arche immense toute pleine de raisiné, de futailles et de nourrices. On n'allait pas vite, et l'on s'arrêtait volontiers à tous les cabarets qui bordaient le chemin de halage. Il a cédé le pas aux bateaux à vapeur, qui eux-mêmes aujourd'hui ne luttent que bien difficilement contre la redoutable concurrence des chemins de fer. Onze *steamers*, ayant des départs réguliers et quotidiens, mettent aujourd'hui Paris en communication avec Saint-Cloud, Melun et Montereau ; c'est bien peu pour une ville comme la nôtre, et je ne crois pas cependant que ce genre de transport, très délaissé par les voyageurs, fasse de brillantes affaires. Le bateau qui, allant à Melun, s'arrête à Corbeil, porte encore le surnom qu'on avait donné pendant le XVIe siècle au coche qui faisait le même service ; jouant sur le mot Corbeil, on l'appelle *le Corbillard*, ce qui prouve qu'une plaisanterie n'a pas besoin d'être bonne pour durer longtemps.

L'exposition universelle a fait naître à Paris une nouvelle industrie fluviale, celle des *mouches*, petits bateaux à vapeur rapides, pouvant contenir cent cinquante passagers, déjà employés à Lyon et usités depuis bien longtemps à Londres. On eût pu croire que ce service n'était que transitoire et simplement appelé à subvenir aux exigences d'une circonstance exceptionnelle ; l'administration a été plus libérale, elle a voulu qu'il fût définitif, et les mouches ont désormais droit de cité sur la Seine. Une décision du ministre des travaux publics en date du 19 juillet 1866, rendue exécutoire par un arrêté du préfet de police du 10 août 1866, autorise, pour un délai de quinze ans à compter du 1er février 1867, la circulation entre le pont Napoléon et le viaduc d'Auteuil d'un certain nombre de bateaux pour le transport en commun des voyageurs ; le tarif est fixé, depuis le 28 mai 1867, à 25 centimes par place. Ces bateaux seront à la rivière ce que les omnibus sont à nos rues et à nos boulevards ; mais pour qu'ils puissent faire en tout temps un bon service, actif, ininterrompu, vraiment profitable à la population, pour qu'ils ne soient pas, comme nous l'avons vu récemment, en partie neutralisés par les basses eaux, il faut que le barrage de Suresne maintienne la rivière à une hauteur *minima* invariable : sans cela les pauvres mouches pourront bien briser leurs ailes sur le fond même de la Seine, dont le lit est souvent inhospitalier. Ce n'est pas qu'on ne le surveille avec soin et qu'on ne le cure incessamment pour offrir à la navigation toute la sécurité possible. Dix-huit bateaux dragueurs se portent partout où il est nécessaire d'enlever un banc de sable inopinément formé, de ramasser des vases accumulées ou de ressaisir les pierres tombées d'un chaland maladroit écrasé contre un pont.

Lorsque j'aurai dit qu'il existe à Paris 929 bachots, canots, yoles, glissoire, j'aurai parlé, je crois, de toutes les embarcations qui animent la Seine entre Bercy et Auteuil ; mais une partie de la population parisienne vit du travail que développe sur nos ports l'arrivée de tant de marchandises et de tant de bateaux. Indépendamment des mariniers, des pilotes et des conducteurs de trains, il y a des corps d'état qui doivent leur existence à notre marine locale ; il convient de ne pas les passer sous silence. Les *coltineurs* sont les ouvriers qui, la nuque garantie par un capuchon de forte toile ou de sparterie, portent sur leur tête ou plutôt sur leur cou les fardeaux d'un navire qu'on charge ou qu'on décharge ; les *débardeurs* font à peu près le même office et deviennent *tireurs* lorsqu'il s'agit de dépecer les trains de bois ; les *dérouleurs* sont ceux qui roulent les tonneaux ; il y a aussi les *sabliers* qui, à l'aide d'une drague à main, extraient le sable du fond de la rivière ; ils ne peuvent exercer leur pénible métier que sur un permis de l'autorité municipale, et d'après l'article 198 de l'ordonnance de police du 25 octobre 1840 ils sont obligés de se tenir à 50 mètres en amont et à 30 mètres en aval des ponts, à 12 mètres des quais et des berges, à 20 mètres des écoles de natation, restrictions excellentes et qui assurent la sécurité de la rivière. Presque tous les tireurs de sable ont un petit bureau où ils reçoivent les commandes que viennent leur faire les jardiniers de Paris. Cette maigre industrie tend à disparaître ; elle est remplacée par les dragueurs à vapeur qui fouillent la Haute-Seine au-dessus de Charenton. A l'heure présente, il n'y a plus à Paris que 19 tireurs de sable. Les *déchireurs* détruisent, déchirent les bateaux hors de service ; ils ont des ports spéciaux où se fait la mise en pièces : Grenelle, Bercy, la Râpée, Orsay ; encore dans ces divers emplacements un endroit particulier sévèrement limité leur est réservé. L'inspection générale a la direction immédiate des ouvriers de l'Entrepôt, dont le nombre ne peut réglementairement dépasser cinquante, et des *forts* du port aux fruits (Grève), qui ne sont que trente en activité pendant la saison des arrivages.

Les ouvriers que je viens de désigner rapidement constituent ce qu'on pourrait appeler l'armée régulière de la Seine ; mais elle a ses enfants perdus, ses bachi-bozouks, qui sont curieux à regarder de près. Il y avait autrefois à Paris des *ravageurs* qui s'en allaient dans les rues, fouillant le ruisseau avec une latte, déchaussant les pavés et recueillant les clous échappés aux fers des chevaux. Repoussés de la ville, ils se sont réfugiés sur les berges ; comme les orpailleurs de l'Ariège et du Rhin, ils cherchent l'or et l'argent, mais ils aiment à trouver l'or façonné en monnaie et l'argent sous forme de cuiller. Les ravageurs connaissent parfaitement les endroits où les tombereaux de la municipalité viennent jeter les neiges pendant l'hiver. C'est là, aux dix-huit emplacements fixés par l'autorité compétente, sur les bords encore couverts par les amas de neige boueuse qu'on a laissé tomber du haut des quais, qu'ils s'établissent avec leur sébile, semblables aux laveurs de pépites du Sacramento, et finissent quelquefois par découvrir au milieu des immondices une piécette blanche, un bijou perdu, un porte-monnaie suffisamment garni. Ces aubaines-là sont, il faut le croire, moins rares qu'on ne l'imagine, car il y a des gens de rivière qui, à Paris et pendant l'hiver, ne vivent que de cet inconcevable métier. A côté des ravageurs, il faut placer les *tafouilleux* ; ceux-là sont les chiffonniers de la Seine, ils sont aux aguets sur les berges, examinant le courant d'un œil exercé, ramassant la bûche arrachée au train, la pomme tombée du bateau, la serviette ou le bas emporté du lavoir, la canne de ligne échappée de la main d'un pêcheur malhabile, le chapeau que le vent a jeté à la rivière ; tout leur est bon, tout leur est une proie et un profit. Enfin viennent les *carapatas*. Tous les noms qui précèdent sont faciles à comprendre et s'expliquent d'eux-mêmes en se décomposant ; mais ce dernier est au moins singulier par son origine. Quel bohème ayant traversé la Turquie l'a rapporté parmi nous et en a fait une désignation que les statistiques officielles n'ont pas dédaigné de recueillir ? *Kara*, noir ; *batte*, canard. Jamais appellation n'a été mieux appropriée à des gens qui barbotent et pataugent tout le jour le long de la Seine ou du canal Saint-Martin, halant les petits bateaux qui franchissent les écluses, offrant tout service, acceptant toute rémunération, aidant à déchirer les vieilles

Maxime Du Camp

toues, à tirer le bois flotté, à rouler les tonneaux d'ocre venus de Bourgogne, touchant à tous les métiers et n'en sachant aucun. Quand le carapatas n'est pas ivre, on peut crier miracle. Où couche-t-il ? Dans les bateaux abandonnés, sous la table des cabarets, le plus souvent au poste. Son nom est devenu un terme de mépris, et c'est faire injure à un homme des ports que de lui dire : Tu n'es bon qu'à *carapater*.

Tout ce personnel, tous ces bateaux dont je viens de parler appartiennent aux industries mobiles du fleuve : la Seine a aussi ses industries sédentaires, qui sont les bains et les lavoirs. Autrefois le Parisien, moins pudique qu'aujourd'hui, se mettait tout simplement à la rivière et s'y baignait à sa fantaisie. « Tout le monde, dit La Bruyère, connaît cette longue levée qui borne et qui resserre le lit de la Seine du côté où elle entre à Paris avec la Marne, qu'elle vient de recevoir ; les hommes s'y baignent au pied pendant les chaleurs de la canicule ; on les voit de fort près se jeter dans l'eau, on les en voit sortir ; c'est un amusement. Quand cette saison n'est pas venue, les femmes de la ville ne s'y promènent pas encore, et quand elle est passée, elles n'y viennent plus. » Des ordonnances du prévôt de Paris défendaient, en 1716 et en 1742, sous peine d'emprisonnement, de se baigner sans être suffisamment vêtu ; c'est de cette époque que datent les premiers établissements de bains froids sur la Seine. Pendant longtemps, la clôture des bains fut considérée, à l'extrême rigueur, comme un vêtement suffisant pour les baigneurs ; aussi les amateurs de *bains à quatre sous* ne se gênaient guère et se contentaient du costume primitif dans toute sa simplicité. La préfecture de police publia le 6 juillet 1858 un arrêté qui mit fin à cet abus, qu'une trop longue tolérance avait à tort laissé subsister jusqu'à notre époque. Il existe aujourd'hui dix-neuf établissements de bains froids, treize destinés aux hommes et six réservés aux femmes. Depuis les premiers jours de mai jusqu'à la fin de septembre, ils sont en permanence ; pendant la saison rigoureuse, ils vont se ranger derrière le garage de Grenelle, de l'île Saint-Louis, de l'Arsenal, au Bas-Meudon et aux îles de Neuilly.

Les premiers bains chauds ont été établis sur la Seine par un nommé Poitevin. Sa veuve, lorsqu'il mourut, épousa son garçon baigneur, Vigier, qui devait donner à ce genre d'industrie une célébrité et une extension considérables. Chacun connaît ces grands bateaux surmontés de constructions plus ou moins élégantes qui stationnent en aval du Pont-Neuf et en amont du Pont-Royal. On y a ajouté depuis quelques années un vaisseau qu'on a appelé la frégate-école, qui est resté longtemps inutile dans les eaux de Neuilly et dont on a cherché à tirer un parti quelconque en y installant des appareils balnéaires. Il n'y a maintenant que quatre établissements de bains chauds à Paris sur la Seine, et le plus important appartient à un député au corps législatif.

En revanche, il y a vingt-huit lavoirs, dont six sur les canaux et le reste sur la Seine. Ce n'est pas une mauvaise industrie, quoique les premiers frais d'installation se montent à 46,000 francs pour deux bateaux juxtaposés garnis d'auvents et de séchoirs. Le droit d'y travailler se paie en gros 40 centimes la journée, et en détail un sou l'heure ; le seau d'eau de lessive mesurant 12 litres vaut 5 centimes ; un compartiment de séchoir muni de barres se loue 40 centimes pour vingt-quatre heures. On chôme ordinairement le dimanche et le lundi. Ces établissements, où l'on a de l'eau courante à discrétion pour une très minime rétribution, rendent d'inappréciables services à la population pauvre de Paris, et lui donnent peu à peu des habitudes de propreté qui finiront par entrer dans ses mœurs. Les blanchisseuses n'étaient pas si commodément installées jadis ; elles venaient simplement laver au cours de l'eau, agenouillées sur un peu de paille ramassée au hasard, souillant leur linge aux fanges de la berge et le voyant parfois disparaître emporté par le courant. Lorsque les rives étaient escarpées, on y appliquait des échelles que les pauvres femmes descendaient et gravissaient chargées de leurs fardeaux humides. En voyant ces sortes d'escaliers primitifs appliqués aux bords de la Seine devant Chaillot, le Parisien de Néel les prend pour les échelles du Levant et raconte en termes fort spirituels comment une lavandière lui fit voir qu'il était encore en France. Nul Parisien n'ignore que la mi-carême est la fête consacrée des blanchisseuses et des porteurs d'eau qui, sous prétexte de s'amuser, se fatiguent ce jour-là comme si leur vie n'était pas une fatigue perpétuelle.

Il est encore sur la Seine une autre industrie sédentaire ; elle est représentée par un bateau qui, seul de son espèce, est resté debout comme une protestation vivante et surannée contre tous les essais de nos temps inventifs. C'est le bateau broyeur qui est amarré près du quai de l'Horloge ; ses quatre roues, lentement agitées par le courant tranquille, tournent pacifiquement et font mouvoir des meules qui écrasent des couleurs. Malgré les nuances criardes dont il a bariolé ses plats-bords et sa cahute, malgré les volubilis et les capucines qui grimpent sur le pignon de son toit, il a un air triste, vieillot et délabré. Il est demeuré fidèle aux us et coutumes d'autrefois ; en présence des machines à vapeur qui bruissent de tous côtés et battent la rivière où il clapote avec une si paisible mansuétude, il ressemble à un *coucou* qui regarderait passer une locomotive.

En tant que fleuve, la Seine appartient au domaine, qui en retire un profit assez médiocre, car les locations faites sur les berges et sur la rivière à Paris ne rapportent annuellement guère plus de 39,000 francs. Les prix sont uniformes : 3 francs par mètre carré pour les établissements où il existe une habitation, 1 franc pour les bateaux à lessives, 25 centimes pour les bains froids. Les exploitations inutiles et tapageuses ne sont même pas surchargées, et le café-concert qui a pris possession du terre-plein du Pont-Neuf ne paie annuellement que 1,200 francs de loyer. Les abreuvoirs sont libres ; il y en a huit où l'on peut aller baigner les chevaux et les chiens. Toutes les industries qui vivent de la Seine ou sur la Seine sont réglementées par l'ordonnance de police du 25 octobre 1840, ordonnance qui, empruntant certains éléments constitutifs à celles qui l'ont précédée sur la matière en 1669 et 1672, est un chef-d'œuvre de prévoyance et de clarté.

La préfecture de police ne se contente pas de veiller à ce que les abords des berges et des ponts ne soient pas encombrés, à ce qu'un espace suffisant soit toujours laissé libre pour la navigation, à ce que les matériaux débarqués soient enlevés dans un délai déterminé ; elle va plus loin, et prend toute sorte de précautions minutieuses pour parer aux accidents individuels qui journellement se produisent sur le fleuve. Elle sait que le Parisien est étourdi, imprudent, ivrogne et bravache, qu'il monte dans les canots dont il ignore la manœuvre, qu'il se baigne sans savoir nager, et qu'il s'endort parfois avec insouciance sur les parapets. Aussi a-t-elle fait disposer dans tous les endroits propices des boîtes de secours munies d'un formulaire indiquant l'usage qu'on doit faire des instruments qu'elles contiennent. Grâce à ces boîtes précieuses, à ces instructions rédigées avec une extrême lucidité, bien des malheureux déjà aux trois quarts asphyxiés par suite de submersion ont été rappelés à la vie. Le principe de la préfecture de police est bien simple : en échange de toute permission lucrative accordée par elle, elle exige un service pouvant s'appliquer à la population qu'elle a mission de surveiller. Dès qu'un individu demande une concession sur la Seine et qu'on juge opportun de la lui octroyer, on lui impose l'obligation d'être utile au public et de reconnaître de cette manière la faveur dont il est l'objet ; c'est ainsi, grâce à cet excellent système, que tous les postes, bains, lavoirs, bateaux à vapeur, bateaux dragueurs, bateaux toueurs, que toutes les constructions en un mot qui profitent de la Seine ou de ses berges sont munies de boîtes de secours dont la plupart appartiennent à la préfecture elle-même. Une plaque en fonte, portant ces mots écrits en gros caractères : *secours aux noyés*, est fixée à demeure, de façon à frapper les yeux, sur les murailles des établissements où le dépôt a été fait. Du pont Napoléon au viaduc d'Auteuil, cent dix-sept boîtes sont disséminées çà et là et mises à la disposition de tous ceux qui pourraient en avoir besoin. Dans les endroits où la circulation fluviale est permanente, où des marchés sur l'eau sont ouverts, où les débardeurs sont souvent attirés par leur travail, où les abreuvoirs appellent les palefreniers, où les bains sont réunis sur un espace restreint, les boîtes sont extrêmement nombreuses ; on en trouve presque à chaque pas. Entre le Pont-Neuf et le pont de la Concorde, où la Seine a toujours une animation souvent excessive, on en compte vingt. De plus, un médecin portant le titre de *directeur des secours publics* est particulièrement chargé de vérifier si les boîtes sont maintenues en bon état, si l'humidité ne les a pas détériorées, si le linge qu'elles renferment est assez abondant pour répondre aux exigences qui peuvent se produire. Il est inutile de dire, je crois, que ces boîtes ne sont pas exclusivement consacrées aux noyés, et qu'on y trouve de quoi remédier aux mille accidents qui à toute minute peuvent atteindre une population aussi nombreuse que celle de Paris. Malgré tant de vigilance et de bon vouloir, la rivière voit chaque année se terminer bien des existences. Quand un cadavre est repêché, le commissaire de police le plus voisin de l'endroit où il a été trouvé fait un procès-verbal de la levée du corps, qui à la suite de cette indispensable formalité est renvoyé à la Morgue, dont je dois parler, car ce lieu sinistre est une annexe directe de la Seine.

Partie IV

La Morgue était originairement le second guichet du Grand-Châtelet. On y gardait les nouveaux prisonniers pendant quelques instants, afin que les guichetiers pussent les *morguer* à leur aise, c'est-à-dire les dévisager attentivement et se graver leurs traits dans la mémoire. Ce fut là ensuite qu'on déposa les cadavres ramassés sur la voie publique ou dans la Seine. Plus tard, en 1804, on construisit sur le quai du Marché-Neuf, à l'angle nord-ouest du pont Saint-Michel, un bâtiment carré spécialement destiné à l'exposition des corps inconnus. L'ouverture des nouveaux boulevards a singulièrement modifié ce quartier, et la Morgue est aujourd'hui reléguée à l'extrémité de la Cité, sur cet îlot depuis longtemps réuni à la terre ferme et qu'on appelait autrefois *la Motte-aux-Papelards*. La salle d'exposition, garnie d'un vaste vitrage qui permet l'observation la plus attentive, contient douze dalles sur lesquelles les corps sont étendus au-dessous d'un robinet d'eau froide qui les arrose incessamment et retarde la décomposition. A côté sont le greffe, la salle des autopsies, la salle des morts reconnus ou inconnus qui doivent être enterrés, les magasins où des casiers séparés, numérotés, étiquetés, renferment les vêtements trouvés sur les cadavres ou simplement recueillis dans la Seine, les égouts et les canaux, enfin la salle des gardiens et leur chambre de nuit. Nul cadavre n'est reçu à la Morgue, si les gens qui l'apportent ne sont munis d'un *ordre de réception* délivré par un commissaire de police ; le procès-verbal de la découverte du corps et le rapport du médecin sont directement envoyés au cabinet du préfet. Une fois admis, le cadavre est déshabillé, lavé et exposé. L'énumération des différentes divisions qui servent de titres au livre du greffe fera comprendre immédiatement avec quel soin méticuleux et intelligent cette lugubre comptabilité est tenue. Numéro d'ordre, — date d'entrée, — heure d'arrivée. — Noms, — sexe, — âge. — Signalement d'identité : lieu de naissance, état civil, profession. — Demeure : rue, quartier. — Vêtements, — genre de mort, — temps écoulé depuis la mort. — Suicide ou homicide, —

causes présumées. — Envoyé par le commissaire de… — Lieu où le cadavre a été trouvé. — Autopsie. — Date de l'inhumation. — Observations. Il faut naturellement qu'un corps soit reconnu pour que toutes ces questions reçoivent une réponse.

La Seine rend bien des cadavres, mais elle en garde quelques-uns ; les gens qui périssent par accident ne sont pas tous retrouvés, et il arrive très souvent que des personnes n'ayant pas vu revenir un parent ou un ami vont le chercher à la Morgue, où il n'est pas. Le greffier alors, avec une perspicacité de juge d'instruction, interroge le réclamant, et sur un *registre de renseignements* il inscrit la date de la disparition, les nom et prénoms, la demeure, le signalement détaillé, le genre de vêtements, les signes particuliers, sans oublier les tatouages, la marque du linge, les anneaux d'oreilles et certains appareils chirurgicaux que les gens du peuple, accoutumés aux métiers pénibles, sont souvent obligés de porter. Dans ces sortes d'interrogatoires, qui presque toujours s'adressent à des personnes d'une éducation médiocre et d'une instruction trop imparfaite, il faut développer une patience, une sagacité, je dirai même une astuce extraordinaire, et que l'habitude peut seule donner.

Le greffier actuel de la Morgue est un homme singulièrement actif et dévoué ; il a, si je puis dire, la passion de l'identité, et il n'épargne nulle peine pour arriver à reconnaître celle des malheureux qui sont étendus sur les tristes dalles. C'est là en effet le grand but auquel la Morgue doit servir, et pour lequel la préfecture de police ne mesure point ses efforts : constater l'identité des cadavres, régulariser leur état civil et donner une dernière et douloureuse satisfaction aux familles. Si les vêtements du mort contiennent des papiers, on écrit en hâte aux adresses qu'ils peuvent indiquer ; si un curieux entre par hasard émet des doutes sur la personnalité des corps exposés, on lui demande de désigner la demeure, les habitudes, les relations du pauvre diable qui n'est plus, et aussitôt une enquête est commencée. C'est ainsi par induction, par interrogatoires répétés, en harcelant les gens de questions et de lettres, en passant du connu à l'inconnu, qu'on parvient, après mille difficultés, à savoir précisément le nom, l'âge et la profession de la plupart de ces êtres informes que la Morgue reçoit tous les jours.

Ce dur, très dur métier, est bien mal rétribué ; le greffier, sur qui pèse une responsabilité perpétuelle, a 2,100 francs par an ; son personnel, insuffisant aujourd'hui, est composé d'un commis aux écritures, de deux garçons de salle et d'un surveillant qui touchent chacun 1,200 francs. C'est trop peu, et un si pénible labeur devrait être récompensé plus largement ; nul travail n'est plus fatigant, plus répulsif. En dehors de la besogne matérielle, qui par elle-même est horrible, il y a un inconcevable déploiement d'activité dans cette recherche permanente, qui le plus souvent ne s'appuie que sur des données incertaines, sinon inexactes. C'est à toute heure qu'il faut être prêt à répondre et à questionner, chaque nuit un homme veille pour recevoir les corps que l'on pourrait apporter. A force de manier des cadavres, les deux garçons qui sont chargés de les exposer sont arrivés à une indifférence et à une sagacité sans égales. Il faut les voir dépouiller un mort et dicter son signalement avec une précision merveilleuse. — Une blouse bleue raccommodée au poignet gauche avec du fil blanc, la boutonnière du collet est déchirée, une pièce plus neuve à l'épaule ; une cicatrice de 2 millimètres environ au genou droit ; mains calleuses et peu flexibles comme celles des gens qui travaillent à la terre. — Chaque indication est sévèrement vérifiée par le greffier et inscrite au registre. De tels soins ont produit d'excellents résultats, et le nombre des morts inconnus va toujours en diminuant. Il serait moins considérable encore, si l'on était parvenu à détruire complètement cette vieille et sotte idée, qu'il en coûte fort cher pour reconnaître et retirer un cadavre. Tous les soins, tous les travaux de la Morgue sont gratuits, il devrait être superflu de le dire ; mais bien des gens ne le savent pas encore, et ce n'est pas sans raison qu'une courte et très visible inscription peinte sur la muraille de la salle commune explique que nulle rétribution n'est jamais réclamée pour aucun des services rendus dans ce lieu. Le préjugé dure depuis longtemps, et ce n'est pas d'aujourd'hui qu'on cherche à le combattre, car le 6 décembre 1736 le lieutenant de police fit faire *un cri* pour proclamer l'absolue gratuité de la morgue du Châtelet, et ne convainquit personne.

Lorsqu'un cadavre est resté exposé pendant les trois jours réglementaires ou qu'on a pu constater son identité, le greffier fait ce qu'en langage administratif on appelle *le nécessaire*, c'est-à-dire l'acte de décès, puis il demande un permis d'inhumation. La justice est souvent forcée de regarder de près à la Morgue, aussi c'est à elle qu'on s'adresse d'abord. Si elle n'a aucun intérêt à faire conserver le cadavre, l'autorisation est ainsi formulée : « le procureur impérial près le tribunal de première instance de la Seine, vu le procès-verbal dressé le ....par .... constatant la mort........ n'empêche pas qu'il soit procédé à l'inhumation. » Cette indispensable formalité étant remplie, le permis définitif est accordé en ces termes par le préfet sur le verso de l'ordre de réception délivré dans le principe par un commissaire de police : « M. le greffier de la Morgue est autorisé à faire inhumer le corps désigné d'autre part. » Le cadavre, placé alors dans une bière, est conduit dans un corbillard spécial au cimetière des hôpitaux, où il est enterré après que le concierge en a donné un reçu. Pour l'ensevelissement et le transport, la Morgue reçoit 6 fr. 60 c. par corps, le fossoyeur 1 fr. 50 c. pour l'inhumation. Avant la révolution, le soin d'inhumer les noyés ou les morts inconnus trouvés sur la voie publique appartenait exclusivement aux sœurs de l'hôpital Sainte-Catherine, dont le couvent était situé rue Saint-Denis, à l'angle de la rue des Lombards, et qu'on appelait vulgairement *les Catherinettes*.

Les registres de la Morgue, qui surtout depuis quelques années sont tenus avec un ordre parfait, sont curieux à parcourir. Sous leur aridité apparente, ils cachent les notions les plus intéressantes. Parfois dans la colonne des observations on rencontre des naïvetés touchantes, — celle-ci entre autres, quoiqu'elle soit écrite en un français douteux. A la date du 9 juillet 1828, à côté de la description détaillée d'un corps de noyé, un feuillet séparé est attaché sur lequel on lit au recto : « J'apartien à une famille honnette. Je vous prie par raport à eux ne pas donner mon signalement. » Ces registres rappellent d'une façon vivante les batailles de nos révolutions et de nos émeutes ; à certains jours, les colonnes sont chargées outre mesure, l'écriture du greffier est rapide, on voit qu'il est pressé et qu'il fait une besogne inaccoutumée ; si le 27 juillet 1830, il n'a enregistré que 3 corps, dont 2 noyés, le 28, il en a eu 18, le 29,101, tous suivis de l'indication : coup de feu. En février 1848, le 23 il en a eu 10, le 24, 43, le 25, 16. L'insurrection de juin arrive ; le 25, 43, le 26, 101, le 27, 36. Le reste est de l'histoire trop moderne pour trouver sa place ici.

Un fait douloureux et que l'état civil de la Morgue constate avec une brutalité saisissante, c'est que le nombre des morts y augmente dans une proportion extraordinaire ; il a doublé depuis dix ans.

Maxime Du Camp

L'annexion de la banlieue n'y est pour rien, comme on pourrait le croire, puisque le service de la Morgue embrasse tout le département de la Seine. Certes cela tient en partie à ce que les recherches sont plus actives, plus fréquentes, mieux faites, plus encouragées qu'autrefois ; mais la vraie cause est autre, elle est morale et plus profonde. Tant de gens viennent à Paris maintenant comme vers un Eldorado certain et n'y rencontrent que des déceptions ; tant d'exemples de fortunes beaucoup trop rapidement acquises ont entraîné des hommes faibles à des spéculations hasardeuses dont ils ne soupçonnaient pas le danger [1] ; l'absinthe a abruti tant d'intelligences et atrophié tant de forces musculaires ; l'insouciance du lendemain, la hâte de jouir, l'impérieux besoin de s'amuser à tout prix et quand même, ont fait tant de progrès depuis quelque temps, qu'il n'est pas surprenant que les dalles de la Morgue ne soient plus jamais libres. Aussi la foule curieuse se presse dans la galerie extérieure ; les gamins de Paris, qui y viennent comme à un spectacle, appellent les corps exposés *les artistes*, lorsque par hasard la salle d'exposition est vide, ils disent : *Il y a relâche.*

La constante et douloureuse progression des réceptions ressort surtout de la comparaison des chiffres pris à différentes époques correspondantes. L'année 1846 envoie à la Morgue 302 cadavres, dont 257 hommes, 45 femmes, plus 78 nouveau-nés et les fragments. En 1856, l'augmentation se fait déjà sentir, 312 hommes, 50 femmes, 113 nouveau-nés, 11 portions de corps ; mais en 1866 les réceptions dépassent toute proportion normale et arrivent au total énorme de 733, qui se décompose de la manière suivante : hommes 486, femmes 86, nouveau-nés et fœtus 146, débris 15. La proportion semble augmenter encore, car, à la date du 15 octobre, la Morgue a déjà reçu cette année 483 adultes, 64 nouveau-nés, 48 fœtus, 22 débris, total : 617. Ainsi qu'on le voit, les femmes sont bien moins nombreuses que les hommes. Cela se conçoit, elles sont plus patientes que nous ; l'espèce d'infériorité sociale qui pèse

---

1 Le Jeu de bourse est incontestablement une des causes les plus actives de crimes et de suicides. Au mois d'avril 1720, Buvat écrivait déjà dans son *Journal* : « Depuis huit jours, on retirait de la rivière quantité de bras, de jambes et de tronçons de corps de gens assassinés et coupés par morceaux, ce qu'on imputait au misérable commerce du papier, dont toute sorte de personnes se mêlaient depuis que le sieur Law l'avait malheureusement introduit. » *Vid. sup.*, II, p. 73.

encore sur elles les a dès l'enfance façonnées à la résignation, et puis dans la bataille de la vie, quoiqu'elles aient souvent la part la plus dure, elles n'ont qu'une responsabilité limitée qui leur enlève ces grands périls moraux où l'homme le mieux doué succombe parfois. Quant aux nouveau-nés et à ces êtres embryonnaires qui n'ont encore eu qu'une existence interne et problématique, ils sont nombreux ; produits de la misère et aussi de la débauche, leur entrée à la Morgue correspond invariablement aux dates du carnaval et de la mi-carême. Si du total général nous retranchons ces tristes avortons (c'est le vrai mot qui leur convient) et les méconnaissables fragments humains, il restera 572 adultes (dont 445 ont été reconnus), qui tous ont péri, presque toujours violemment, par des causes diverses dont je citerai quelques-unes : 166 suicides, 142 hommes, 24 femmes ; — 19 homicides, 8 hommes, 11 femmes ; — 82 morts subites, 68 hommes, 4 femmes. La majeure partie de ces malheureux a été repêchée dans la Seine : 310 en tout, dont 273 hommes et 37 femmes. D'autres se sont pendus, 36 hommes, — se sont brûlé la cervelle, 5, — se sont frappés d'une arme blanche, 3 hommes, — se sont asphyxiés par la vapeur de charbon, 5 hommes, 1 femme, — se sont empoisonnés, 4 hommes, 2 femmes. — Chose horrible à penser, dans Paris, dans ce Paris où l'argent roule à flots, 3 hommes sont morts pendant cette même année, l'un de misère, l'autre de froid, le dernier d'inanition. Parmi les suicides reconnus, on a constaté qu'il y avait 48 célibataires, 19 veufs et 62 hommes mariés.

Les mois les plus fertiles pour cette lamentable récolte sont juin et juillet : 73 et 74 ; c'est le moment où l'on se baigne, où l'on fait des parties de canot, où, il faut bien le reconnaître aussi, le soleil échauffant les têtes détermine souvent des congestions cérébrales et des accès d'aliénation. Les premières effluves du printemps sont troublantes et malsaines, la sève monte aux arbres, la vie nerveuse envahit le cerveau, et le mois d'avril donne un contingent de 58 morts ; décembre, où l'on attend avec espérance la nouvelle année qui s'approche, janvier, qui est un mois de charité, de bienfaisance et de cadeaux, tombent à 38 et à 37. Les départements et la banlieue sont représentés les premiers par 19 cadavres, la seconde par 31. Paris lui-même est fort inégal, et selon ses zones diverses il fournit à cette sinistre statistique des éléments différents. Trois

Maxime Du Camp

arrondissements ont eu en 1866 chacun 33 de leurs habitants exposés à la Morgue ; ce sont le quatrième, qui va du boulevard Sébastopol à la place de la Bastille ; le cinquième, qui comprend les faubourgs Saint-Jacques et Saint-Marceau ; le dix-neuvième, où est située la Petite-Villette. Vient ensuite le douzième, quartier de la Grand'-Pinte, qui donne 30 ; aussitôt après on retombe beaucoup plus bas et l'on arrive enfin au treizième, qui, peuplé des petits rentiers, paisibles, prudents et rangés de Passy, n'a envoyé que deux corps à la funèbre logette de la Cité.

Ce chiffre de 733 morts apportés à la Morgue pendant l'année 1866 paraît d'autant plus considérable que le total de 1848, malgré la révolution de février, malgré l'insurrection de juin, n'a été que de 631 ; mais, sans aucun doute, il serait bien plus excessif encore, si la préfecture de police,[1] par ses encouragements, ses notes publiques et officielles, ses récompenses, ses médailles, n'excitait sans cesse une précieuse émulation parmi les hommes que leur métier attache plus particulièrement aux bords de la Seine et des canaux. Pour tout cadavre repêché, elle donne une prime de 15 fr., et une prime de 25 fr. pour tout individu sauvé. Ainsi les 310 noyés qui en 1866 ont été transportés à la Morgue ont coûté 4,650 fr. à la préfecture ; dans le cours de la même année, 109 sauvetages accomplis dans la Seine n'ont grevé le budget que de la somme insignifiante de 1,950 francs, car 31 sauveteur ont délicatement refusé la prime, à-laquelle ils avaient droit et qui leur était offerte. Les mêmes mois qui voient le plus de morts par submersion voient naturellement le plus grand nombre de sauvetages : les mois de fortes chaleurs, juin, juillet, août, septembre, comptent 15, 16, 18, 13 sauvetages ; janvier n'en a que 6, et décembre 1 seul. Non contente de remettre une prime à ceux qui rendent à la société le service de sauver un de ses membres en péril, la préfecture de police d5istribue tous les ans des récompenses honorifiques à ceux des sauveteurs qui se sont distingués par des actes renouvelés de courage et d'humanité ; en 1866, pour sauvetages opérés dans la Seine, elle a accordé vingt-quatre médailles, dont quatre en or et vingt en argent.

1 Les précautions prises par la préfecture de police pour assurer la sécurité de la rivière ont été plus minutieuses encore cette année ; ainsi l'ordonnance du 15 mai 1867 interdit absolument les *pleine-eau*, que le nombre de bateaux à vapeur mis en circulation pour les besoins de l'exposition universelle aurait certainement rendues dangereuses.

Cette race vaillante qui habite les ports et les quais n'a du reste guère besoin d'émulation ; elle renferme des hommes intrépides et dévoués, dont le grand et principal souci est de sauver la vie de leurs semblables. Ces mariniers, ces patrons de bateaux à lessive, ces maîtres de bains, ces débardeurs, jouent avec la rivière ; ils l'ont en quelque sorte apprivoisée, ils en connaissent le secret et les périls, qu'ils ne redoutent plus. Au premier cri d'alarme, ils sont à l'eau, et il faut des chances défavorables bien exceptionnelles pour que le malheureux qui se noie ne soit pas sauvé. Il est peu de ces hommes qui ne soient décorés de médailles civiques. Sans eux, sans leur abnégation, leur vigilance, leur courage, la Morgue serait trop petite, et il faudrait en tripler les dimensions. Ils se sont groupés sous le titre de *Société centrale et de secours mutuels des sauveteurs du département de la Seine*,[1] et tous les ans ils ont une séance solennelle à la salle Saint-Jean ; cette société compte aujourd'hui trois cent soixante-deux membres titulaires tous médaillés et six cent vingt-trois membres honoraires. C'est une des meilleures et des plus respectables institutions qui existe ; son but a été très nettement défini dans l'assemblée du 26 novembre dernier par le vice-président, M. Androuet du Cerceau, lorsqu'il a dit : « Quelle est notre mission ? Sauver d'abord, partout et toujours, par le dévouement et par l'exemple ! » Ceci n'est pas une vaine parole, c'est un mot d'ordre auquel chaque membre de la société obéit. La passion du bien agite invinciblement certains cœurs. Il y a là des héros modestes qu'aucun danger ne fait reculer, qui sont prêts à toute heure et qui ont tous les courages, celui du grand jour et celui de minuit. L'intérêt n'entre pour rien dans le mobile qui les pousse, car un membre de la société des sauveteurs se croirait déshonoré, s'il acceptait la prime offerte par l'administration. Sa seule petite vanité, et elle est plus que légitime, elle est honorable, est dans certains jours de gala de pendre à sa boutonnière trop étroite toutes les médailles qui lui ont été décernées et que son intrépidité lui a values. Il est bon de citer le nom de quelques-uns de ces braves gens qui ne soupçonnent peut-être pas tout ce que leur existence a de glorieux : Fagret, tailleur, quai d'Orléans, n°6, à la bibliothèque polonaise, qui, malgré ses soixante-sept ans, a encore arraché à la Seine, il y a peu de temps un homme qui se

---

1 Approuvée par décret du 11 août 1856.

Maxime Du Camp

noyait ; Metzger, négociant en vins à Bercy ; Lenéru, propriétaire de bains au Pont-Royal ; Cardon, patron de lavoir à l'Arche-Marion ; Henri, maître-baigneur aux bains Henri IV, et enfin Cretté, qui a un bateau à lessive près du pont de Bercy, Ce dernier est d'une famille héroïque, ses quatre frères ont été récompensés pour leurs actions d'éclat, et sa vieille mère, âgée de soixante-dix ans, porte la médaille qu'elle a gagnée en opérant elle-même plusieurs sauvetages. Ces braves gens sont connus dans leur quartier ; quand ils passent, on se découvre, et lorsqu'on apprend qu'un malheur est arrivé en Seine, on dit : Ah ! si un tel avait été là !

Par tout ce qui précède, on voit que Paris a le droit d'être fier de son fleuve ; nulle autre capitale, pas même Londres, n'offre un tel cours d'eau si bien emménagé, si bien dompté, si précieux. Bordé par des quais magnifiques, traversé par des ponts gratuits et monumentaux, pourvu de faciles abordages, sillonné sans cesse par des bateaux nombreux, occupé par des établissements dont l'utilité n'est pas contestable, il mêle intimement son existence à la nôtre, et nous rend chaque jour d'inappréciables services. Si Paris est sorti de la Seine, il ne l'a point oublié et ne s'est pas montré ingrat, car il l'a ornée et embellie de son mieux. Il a rejeté loin d'elle les égouts qui l'embourbaient ; il l'a contenue dans un lit assez profond pour que toute inondation lui soit désormais impossible ; il a renvoyé les chevaux de halage qui piétinaient dangereusement sur ses bords. Source de bien-être et de prospérité, la Seine est un des organes constitutifs de la vie même de Paris ; cependant, à en croire les vieux historiens, elle serait bien déchue de son antique splendeur, car elle a perdu le singulier privilège qu'elle avait jadis de se changer en vin lorsqu'elle était bénie par un évêque, ainsi que cela se faisait au temps du bon saint Marcel.

ISBN : 978-1533286826

www.ingramcontent.com/pod-product-compliance
Lightning Source LLC
Chambersburg PA
CBHW071839200526
45169CB00020B/1954